CATALOGUE

DE

TABLEAUX ANCIENS

PAR

**L. Cranach, Cuyp, J. Fyt, Grimoux, Hallé, Houguest,
Lancret, Largillière, Swebach, Wille, etc.**

TABLEAUX MODERNES

PAR

**Aussandon, Clairin, Couder, Kaemmerer, J. P. Laurens,
Lobrichon, Ortégo, etc., etc.**

DESSINS — AQUARELLES

Pastels et Gouaches

CADRES

DONT LA VENTE AURA LIEU

HOTEL DROUOT, SALLE N° 10

Le Mercredi 16 Mai 1894

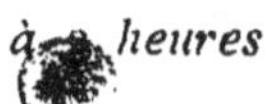 *à 2 heures*

M⁰ PAUL CHEVALLIER	**M. Eug. FÉRAL, peintre**
COMMISSAIRE-PRISEUR	EXPERT
10, rue de la Grange-Batelière, 10	54, Faubourg-Montmartre, 54

Chez lesquels se trouve le présent Catalogue.

EXPOSITION PUBLIQUE

Le Mardi 15 Mai 1894, de 1 heure 1/2 à 5 heures 1/2

CONDITIONS DE LA VENTE

Elle sera faite *expressément* au comptant.

Les acquéreurs payeront en sus des enchères *cinq pour cent.*

Paris. — Imp. de l'Art, E. Moreau et Cⁱᵉ, 41, rue de la Victoire.

DÉSIGNATION

TABLEAUX

ANCIENS ET MODERNES

AUB (Mary)

1 — *La Lecture.*

AUB (Mary)

2 — *Tête de vieille femme.*

AUSSANDON

3 — *L'Italienne aux poussins.*

AUSSANDON

(DEUX PENDANTS)

4 — *Le Tambour et la Trompette.*

AUSSANDON

(DEUX PENDANTS)

5 — *Affamés et Rassasiés.*

BACHELIER (Attribué à)

6 — *Dames et Seigneurs faisant de la musique dans un parc.*

BEAUBRUN

7 — *Portrait de Mlle de Grignan.*

Toile ovale.

BEAUME (D'après)

8 — *Le Benedicite.*

BERGHEM (D'après N.)

9 — *Bergères et animaux sur un monticule.*

BERGHEM (D'après N.)

10 — *Cavalier près d'une hutte.*

BIDAULT

11 — *Paysage avec rivière, pêcheurs et laveuses.*

BLANC

12 — *Petite Italienne donnant du lait à son chat.*

13

BLANC

13 — *Le Petit Marchand de pastèques.*

BOUCHER (François)

14 — *Sujet biblique.*

Belle esquisse en grisaille.

BOUCHER (D'après F.)

15 — *Jeune fille couchée.*

BOURGUIGNON

16 — *Choc de cavalerie.*

BOYS (F.-S.)

17 — *Vue du Pont-Royal des Tuileries et du Louvre en 1825.*

BREUGHEL DE VELOURS

18 — *Cavaliers devant une auberge.*

BREUGHEL DE VELOURS

19 — *Le Retour du marché.*

BRIL (Paul)

20 — *Le Bon Samaritain.*

BRONZINO (Attribué à)

21 — *Portrait d'homme.*

CARESME

22 — *Thétis plongeant Achille dans les eaux du Styx.*

Gracieuse esquisse.

CERQUOZZI (dit Michel-Ange des Batailles)

23 — *Fruits et fleurs.*

CLAIRIN

24 — *Terrasses de maisons arabes, à Tanger.*

CORREGGIO (École du)

25 — *La Vierge et l'Enfant.*

Effet de lumière.

COUDER (Alex.)

25 bis — *Fleurs, fruits et vases d'or.*

COUDER (Alexandre)

26 — *Violettes et Giroflées jaunes.*

COUTURIER

(DEUX PENDANTS)

27 — *La Basse-cour.*

CRANACH (Lucas de)

28 — *La Charité.*

CUYP (Albert)

29 — *Le Chat au poulailler.*

(*Vente Sellar.*)

DELPY

30 — *Pécheurs retirant leurs filets.*

DELPY

31 — *Mer houleuse.*

DELPY

32 — *Bords de rivière.*

DETAILLE (Charles)

33 — *La Promenade en mail-coach.*

DOYEN

34 — *Sujet allégorique.*

Esquisse en grisaille.

FALENS (Attribué à Van)

35 — *Le Départ de la chasse au faucon.*

FENOUIL

36 — *Portrait d'un maître de camp couvert d'une cuirasse.*

Signé et daté 1750.

FYT (JEAN)

37 — *Le lièvre cerné.*

(Vente Sellar.)

GREUZE (D'après J.-B.)

38 — *La Marchande de marrons.*

GREUZE (D'après J.-B.)

39 — *Le Potage des enfants.*

GREUZE (D'après J.-B.)

40 — *La petite fille au chien.*

Toile ovale.

GRIMOUX (ALEX.)

41 — *Portrait d'un artiste.*

Bonne peinture.

HALLÉ (NOEL)

42 — Quatre esquisses représentant *la Foi*, *l'Espérance* et la *Charité*.

Bonnes esquisses d'une remarquable fraîcheur de coloris.

HOUGUEST

43 — *Intérieur d'église animé par divers personnages.*

HUET (Attribué à J.-B.)

44 — *Bergère au repos.*

Cadre sculpté.

VAN OS (J.)

45 — *Fleurs et fruits posés sur une console de marbre.*

KAEMMERER

46 — *La Jeune espagnole.*

LACROIX

(DEUX PENDANTS)

47 — *Marines.*

LANCRET (D'après)

48 — *L'Oiseau mis en cage.*
Cadre sculpté.

LARGILLIÈRE (Attribué à)

49 — *Portrait présumé de Mme de Motteville.*
Toile ovale dans un cadre sculpté.

LARGILLIÈRE (Genre de)

50 — *Portrait présumé du comte de Mar, le protecteur de Jacques III prétendant du trône d'Angleterre.*

LARGILLIÈRE (Genre de)

51 — *Portrait de jeune femme du temps de la Régence.*
Toile ovale dans un cadre sculpté.

LAURENS (Jean-Paul)

52 — *Le Benedicite.*

LAGRENÉE (Eug.)

(DEUX PENDANTS)

53 — *L'Instruction obligatoire.*
Embrassez maman.

LEMAIRE POUSSIN

54 — *Vue des bords du Rhin.*

LE PRINCE (J. B.)

55 — *Cours d'eau et pont en ruine avec personnages*

LOBRICHON
(DEUX PENDANTS)

56 — *Sur la plage et le Retour.*

LOCATELLO (GIANTE) 1858

57 — *Jeune femme couchée tenant un miroir.*

LUCKR (WILLIAM)

57 bis — *Objets divers posés sur une table.*

LUCKR (WILLIAM)

58 — *Scène d'intérieur.*

MARIO DI FIORI

58 bis — *Fleurs dans un vase et fruits posés à terre*

MARIO DI FIORI
(DEUX PENDANTS)

59 — *Fleurs et vases, etc., auprès d'une fontaine.*

METSYS (D'après QUENTIN)

60 — *Le Philosophe à la tête de mort.*

MEYERHEIM (D'après)

61 — *Enfants ramassant du bois mort.*

NATOIRE

62 — *Triomphe de Silène.*

Bonne esquisse.

ORTEGO

(DEUX PENDANTS)

63 — *Les petites fermières.*

OUDRY (D'après)

64 — *Chien de chasse en arrêt.*

PINEL DE GRANDCHAMP

65 — *La Jeune fille à la perruche.*

RIBOT (GERMAIN)

66 — *Casque posé sur un livre ouvert.*

ROOS DE TIVOLI

(DEUX PENDANTS)

67 — *Chèvres et moutons.*

ROSLIN

68 — *Portrait de jeune femme en robe bleue.*

Toile ovale.

ROTTENHAMER

69 — *Adam et Ève au Paradis terrestre.*

RUYSDAEL (École de)

70 — *Chemin sous bois.*

SARAZIN (Attribué à)
(DEUX PENDANTS)

71 — *Les bords du lac d'Annecy.*

SCHUTS (Genre de)

72 — *Vue des bords du Rhin.*

SEMENOWSKI
(DEUX PENDANTS)

73 — *Brune et Blonde.*

SERRES (ANTONY)

74 — *Les Moissonneurs.*

SERRES (ANTONY)

75 — *Les Fermiers.*

SWEBACH

76 — *Halte de cavaliers.*

Très bon tableau de l'artiste.

VALADON

76 bis — *Les Marchands de bijoux.*

VAN LOO (Attribué à CARLE)

77 — *Portrait de femme en robe bleue tenant des fleurs dans une corbeille.*

Cadre en bois sculpté.

VERKOLJE

78 — *Les Joueurs de dés.*

VERNET (D'après)

79 — *Le Naufrage.*

WATTEAU (Attribué à F.)

(DEUX PENDANTS)

80 — *Bergers au repos.*

WILLE

81 — *Portrait de Mlle d'Angevillier.*

(Vente du baron de Beurnonville, 1881.)

HOUBER (de Munich)

82 — *Le Père, la Mère et l'Enfant.*

ÉCOLE ALLEMANDE

83 — *Les Moines du Mont Saint-Bernard.*

ÉCOLE ANGLAISE

84 — *Portrait de jeune femme tenant des fleurs.*

ÉCOLE ESPAGNOLE

85 — *Saint François tenant l'Enfant Jésus.*

ÉCOLE ESPAGNOLE

86 — *Saint Sébastien.*

ÉCOLE FRANÇAISE

87 — *Portrait allégorique de jeune fille tenant un encensoir.*

Au bas du tableau les armes de la famille de Maillet.

ÉCOLE FRANÇAISE

88 — *Portrait de jeune femme du temps de Louis XV tenant des fleurs.*

ÉCOLE FRANÇAISE

89 — *Jeune femme pinçant de la harpe.*

ÉCOLE FRANÇAISE

90 — *Portrait de M. Philp Barat de Boncourt, capitaine, chevalier de saint Louis.*

ÉCOLE FRANÇAISE

91 — *Jeune femme du temps de Louis XV tenant un*
éventail.

ÉCOLE FRANÇAISE

92 — *Le Berger galant.*

ÉCOLE ITALIENNE (xviiie siècle)

93 — *Portraits de deux jeunes princes.*

Représentés en pied, de grandeur natu-
relle ; sur la droite, une table avec des
livres et des cartes géographiques près
d'une statue de Minerve.

ÉCOLE ITALIENNE

94 — *Guirlandes de fleurs.*

Au centre, sainte Madeleine visitée par
des anges.

ÉCOLE ITALIENNE

95 — *Fleurs dans un vase posé sur une table.*

ÉCOLE ITALIENNE

96 — *Fleurs dans une corbeille, pastèque, etc.*

ÉCOLE ITALIENNE

97 — *Roses et raisins blancs.*

ÉCOLE ITALIENNE

98 — *Roses, figues et grenades.*

ÉCOLE MODERNE

99 — *Les Amateurs de peinture.*

(D'après Meissonier.)

ÉCOLE MODERNE

99 bis — *Vaches à l'abreuvoir.*

Equisse.

DESSINS, AQUARELLES

PASTELS ET GOUACHES

BOUCHE

100 — *Portrait de Domingo Iriarte, ambassadeur près la République française, en 1792.*

Fine et intéressante aquarelle signée.

DELAUNAY

101 — Un fort lot d'aquarelles : *paysages et figures.*

(Ce numéro sera divisé.)

DESHAYES (Attribué à)

102 — *La jeune fille au chat.*

Gracieux pastel.

DORÉ (Gustave)

103 — *Épisode du siège de Paris, en 1870.*

Plume et lavis.

LAGRENÉE

104 — *Le Nid d'amours.*

Gouache

LINDER

(DEUX PENDANTS)

105 — *La Cruche cassée et la Bouquetière.*

Aquarelles.

ÉCOLE FRANÇAISE

106 — *Portrait de la reine Marie-Antoinette, d'après* Mme *Le Brun.*

Gouache ovale.

1843

ÉCOLE FRANÇAISE

(DEUX PENDANTS)

29   **107 — *Portrait d'homme et portrait de femme.*   Vallé**

Pastels.

3,50   **108 — *La Source, d'après Ingres.***

Lithographie encadrée.

n°
109   ~~Sans moment~~

12 — Castel d'a. nautré —   Rosenval

30 — 1 tabl paysage

16 — 2 pendants fleurs —   Courtois

7,50 — 2 tabl. genre, 2 avocats fran... piquet   Belmann

87   2 ... genre —   Courtois

16   2 et ... tcets de femme —   nons

21   2 tabl. pendants —   Bicard

13   1 tabl paysage p. andré nautré —

42 — 4 petits tableaux de ...

26   1 paysage sc. moderne   maupr...

25 — 2 tab. été et hiver —   Courtois

26   1 tabl. paysage par thivet —   Courtois

11   1 tabl. d'enfant de metz —

4   1 tabl —   Belmann

249.50